AF277186

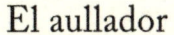

El aullador

ANDER MAYORA

El aullador

Ediciones Trea

TREA AFORISMO

Primera edición: febrero de 2025

© Ander Mayora, 2025

© de esta edición:
Ediciones Trea, S.L.
María González la Pondala, 98, nave D
33393 Somonte-Cenero. Gijón (Asturias)
Tel.: 985.303.801. Fax: 985.303.712
trea@trea.es | www.trea.es

Dirección editorial: Álvaro Díaz Huici
Producción: Patricia Laxague Jordán
Dibujo de colofón: Javier del Río

Depósito legal: AS 00050-2025
ISBN: 978-84-10263-87-1

Impreso en España — *Printed in Spain*

Cuando estés en la cama y oigas los aullidos de los perros en el campo, ocúltate bajo las sábanas; no te burles de lo que hacen: tienen sed insaciable de infinito, como tú, como yo, como todos los humanos de rostro pálido y alargado.

LAUTRÉAMONT

La escritura es un termómetro que señala lo calenturiento de mi espíritu; un indicativo de que las excitaciones, delirios y quimeras que afloran en todo mortal sobrepasan en mí el sentido del pudor y se desbordan en letras de molde, evidenciando un agravamiento de mi perenne insatisfacción.

*

La invitación, tan posmoderna, a «fluir» es inútil por ineludible: es ilusorio evadirse de la marcha torrencial de los fenómenos, pues mis acciones no son sino débiles afluentes de su marcha.

*

El fuego del pensamiento hace arder la realidad. Quien lo ejerce sólo puede esperar cenizas.

*

Hablar de aceptación es fácil: uno dice «acepto» y sigue su camino. Lo difícil es vivir en carne propia todo lo horrible que sucede: decir «sí» al sufrimiento de los niños, cuando es el nuestro el que sufre y muere.

*

Desprovisto de intenciones, el acto más puro es el acto irreflexivo. Sin la trampa de los planes y las finalidades, se despliega como un fenómeno natural e incomprensible.

*

La posesión de una personalidad es una de tantas enfermedades, pero la de hacerla pasar por interesante es sin duda la principal pandemia espiritual que nos aqueja. Para ella, el mejor exorcismo es una fulminante carcajada.

*

Aquel que en su vida ha perdido todos los trenes goza del privilegio de no bajarse en ninguna estación.

*

La razón por la que me disperso en fragmentos es que sólo ellos pueden sondear la Unidad que me ufano en pretender.

*

Escribir no es sino una mortaja con la que querer seguir hablando después de muertos.

*

En épocas de declive, el espíritu se vive como ausencia.

*

La tradición actuaba como trinchera frente al tiempo. Estamos en tierra de nadie.

*

Anhelo de pertenecer, de entregarse, para cubrir de luz nuestros frágiles huesos.

*

Más que abolir el dolor, lo que las terapias orientalistas hacen es tamizarlo, aplanarlo, relegarlo a una experiencia cualquiera como la muela picada o la angustia de una entrevista de trabajo. Es por esta versión edulcorada y parcial del sufrimiento que jamás serán remedios de fuste cuando por fin llegue el Dolor.

*

El embeleco que estoicos, budistas o epicúreos dispersan por doquier es aquel que enseña que la dicha depende de la propia voluntad, como si el ojo pudiese verse o el dedo tocarse a sí mismos.

*

Aquellas almas que, debido a la educación imperante, no han sido formadas en lo trascendente, acaban quebrándose bajo el peso de alguna palabra intemporal, como aquellos libros que descansan en una biblioteca durante siglos, sin haberse abierto jamás, hasta que cualquier tacto los desmorona.

*

Alocución ante una iglesia abandonada: «Y los hombres mirarán las ruinas, como nosotros admiramos el esplendor de épocas pasadas, y caminarán por ellas como por un refugio perdido».

*

Resulta incomprensible que, frente a una desgracia, el bálsamo más eficaz sea el enhebrado de un relato. Es esta pulsión la que reclaman, por ejemplo, sintagmas como «conocer toda la verdad» o «que se haga justicia», tras un atentado o un accidente. Es la superstición de las palabras: apósito inútil que aún se solicita, para aliviar inútilmente las heridas.

*

El gran narrador crea relatos como vastos continentes, en pos de alguna Tierra. Yo, en cambio, me contento con tallar acantilados frente al mar del silencio.

*

Mientras que, en la dicha, presa del canto del instante, el hombre permanece inerte, completo en su cualidad de ser, la desgracia es necesaria para el progreso, pues sólo en situaciones de agitación se decanta el hombre por el cambio y la mudanza. Es por ello que los progresistas deben querer siempre la manifestación de lo peor, para tener en qué pensar y sobre qué progresar. Sin la desgracia y la pena, no son nada.

*

Dedicarse a la vida sin un yo que la encauce es el objeto último de las filosofías orientales, pero el anhelo de una acción sin apegos se ha de servir de ese yo denostado para emprender tal causa. Necesita, pues, de su demonio, para alcanzar su cielo.

*

La diferencia entre autor y lector es que el primero es un nómada que abre una ruta en el desierto, mientras que el segundo es un turista a quien llevan de la mano.

*

A: ¿Aforismos? ¿Fragmentos? ¿Para qué?
B: ¡Para ir al grano!

*

¡Emborráchame!, le digo a la realidad; y recibo, a cambio, mi buen surtido de resacas. De mi salud depende el encajarlas.

*

El cuerpo es la agónica parcela que se me ha concedido para el placer y el sufrimiento, pero con una única condición: ¡no malvenderla!

*

La risa es el limes de la filosofía: o bien permanece en la tediosa sensatez de sus fronteras, o bien se interna en aquella, aboliendo toda seriedad.

*

Si el tren de la Civilización fuese entregado a un maquinista como yo, sin duda lo haría descarrilar; y no por afán de ambiciones revolucionarias, sino por efecto de mi simple pereza.

*

Para llevarnos a la cámara de gas, bastará con que pongan precio a la entrada —y no de 5 euros, sino de 500: así, por superstición de lo exclusivo, se asegurarán una mayor asistencia.

*

Sin duda, la ligereza de la vida moderna sirve de anestésico contra lo sagrado. ¿A qué va uno a apelar a Dios, cuando puede pedir un crédito?

*

Coaches, coachers, coaching: vacua mística del capitalismo, con la que se venden los resortes interiores al mejor postor.

*

La moda permite a sus frecuentadores parecer interesantes sin tener que abrir la boca.

*

El aforismo es, como toda enunciación, un pecado contra el silencio; pero es, al menos, un pecado venial. La narración, en cambio, merece el más infecto y doloroso pozo de los infiernos.

*

Se dice que la escritura exorciza, cuando en realidad, simplemente, maniata, por un tiempo, mediante el sudario de su enunciación, al demonio de mi interior.

*

Del mismo modo que el peso excesivo de la memoria obstruye los movimientos de cualquiera hacia el futuro, así la apelación constante a la historia no deja avanzar la historia. Siendo demasiado consciente del caminar, uno olvida cómo dar los pasos.

*

El idealismo vulgar condena los hechos concretos y propone a cambio soluciones generales: le repatea la policía y su solución es la paz mundial.

*

El espíritu sufre a veces conatos de entusiasmo y se hincha invisiblemente hacia los delirios propios de un muchacho de quince años: se acaba creyendo en cosas tan inefables como, por ejemplo, la «solidaridad». ¿La solución? Una siesta y un breve paseo al atardecer por los paisajes insolubles de la civilización…

*

Sin duda, la utopía tiene su mayor alimento en el entusiasmo. Y, si atendemos al sentido etimológico del término —el dios dentro de mí—, vemos claro que se trata de una posesión… ¡Demoniaca, por supuesto!

*

Cuando, al hacer afirmaciones vea ruborizarse a los tertulianos de la televisión, entonces creeré que algo ha cambiado en nuestras almas. La cuestión es que se ha perdido un pudor que antaño daba una idea del carácter de quien lo manejaba: el pudor de afirmar gratuitamente. Esto no significa enmudecer; a lo sumo, nos conmina tan solo a expresar dudas, reticencias, observaciones, detalles… con el tiento y la prudencia de quien camina sobre alambres.

*

El hombre cree haber hallado en internet la solución al famoso aserto de Pascal: «¡Cuántos reinos nos ignoran!».

*

El deseo y la realidad conciben, cuanto mayor es su distancia, el saludable retoño de la frustración.

*

Cuando nada hay intocable, todo se desmorona.

*

La profundidad no ha de ser una pose afectada o una oscuridad deshonesta, sino consecuencia de nuestro avance en pos de una conclusión cifrada.

*

En la bóveda de lo incomprensible está Dios, vestido con ese manto de palabras tejido y ofrendado por los hombres, pero que lo oculta a nuestra mirada.

*

La música evade de la contingencia, para elevarnos hacia una ensoñación posible.

*

En la cárcel del yo, pruebo diferentes puertas con la intención de escapar a sus tormentos. Todas se abren en falso. Sólo la muerte es la puerta segura.

*

La música es el remedio más eficaz contra la lucidez: rasgando las cuerdas del alma, da una partitura, un camino, un sentido, a mis aullidos.

*

El diálogo, sobrevalorado siempre. Simulando que se aborda un gran asunto, se improvisan tenues acercamientos, casi al carboncillo, con las palabras. Son los garabatos de un boceto que se evapora hacia el silencio, devolviendo a sus participantes al desdichado lugar de su asiento, como si nada hubiera sucedido.

*

Tras la clausura de lo sagrado, viene el precio.

*

Anotar siempre, al final de cada lectura con la que me muestre de acuerdo, un «y sin embargo…» que matice lo dicho o leído hasta el punto de desfigurarlo e incluso contradecirlo; que siembre de dudas las aseveraciones, hasta hacerlas casi inútiles; que acaben siendo inservibles, por matización, todas las afirmaciones.

*

A partir de cierta edad, siempre anochece.

*

Acaso vean los pájaros, los reptiles y las bestias, un agravio atroz en el habla, una infame falta de sentido y coherencia: el mascullar fútil de un bruto henchido de sí mismo.

*

La temeridad, ante el elocuente peso de la fuerza, de argumentar. La inutilidad, frente a la crecida de la marea, de los gritos de los niños atrapados en la bodega. La pereza, a la vista del destino de todo lo creado, de esbozar unos presupuestos fantasmalmente inamovibles. Qué pueden una subordinada, un matiz, una digresión, frente al natural discurrir de la destrucción.

*

Apostato cada noche de una multitud de ideas, para reconvertirme a ellas en cada amanecer. Puedo así dormir y descansar enteramente, como en el sueño inmaculado de un bebé. Durante el día, sin embargo, cargo con la losa de las palabras, como una culpa venida de otros mundos.

*

La vida interior consiste ya en la sucesión entretenida de eslóganes publicitarios que las modas de sentido emiten para encauzar la confusión. Cuando alguna de sus campañas triunfa, se cambia de hábitos, por un tiempo, a la espera de una próxima cruzada.

*

Sin la provisión de urgencias que provoca la muerte, mis actos serían inertes, mecánicos, carecerían de aliento. A ella le debo la intensidad de mis horas.

*

¿Qué es entretenerse? Alternar la nada con brillantes naderías.

*

El desesperado dispone de dos saberes que lo atormentan: atisba que el infinito —solución a todos sus males— se halla entre ceja y ceja, al alcance de su mano; pero reconoce que, debido al silencio que lo caracteriza, jamás podrá alcanzarlo.

*

Cada mañana, escojo un alma con el que acometer el mundo. Al anochecer, sólo el tedio me dice si me he equivocado.

*

Quien proclama un tiempo sin Dios se erige él mismo en dios.

*

Ideas, conceptos, principios: moldes a los que se vierte la realidad. Como su espacio es angosto —la vía estrecha del lenguaje—, ingentes cantidades de realidad se quedan fuera.

*

¿Ciudadano del mundo? ¡Ciudadano del otro mundo!

*

El ansia de absoluto que no encuentra a Dios se pierde en idolatrías.

*

Cuando no hay verdad, la opinión es una mentira.

*

Con los años, las convicciones de uno flaquean ante la indiferencia de la realidad. Perseverar en ellas puede ser consecuencia de dos ánimos que se entrelazan: el de un heroísmo estéril, o el de una esterilidad heroica.

*

Aquel que todo lo remite al cuerpo, ¿a santo de qué habla después de libertad?

*

Se piensa con la esperanza de que todo lo que a esta alimenta está a un paso de suceder, pero la realidad sólo sirve el plato frío y desangelado de los hechos.

*

Los ideales son las flatulencias que el espíritu evacua, para evitar los dolores provocados por la inflamación de sus visiones.

*

Lo que llaman serenidad no es sino el agotamiento de quien ha entendido la inutilidad de cualquier esfuerzo.

*

En cuanto se ha creído sólo en el mundo, este se ha vuelto tedioso por predecible. Excluido el milagro, lo mecánico aburre.

*

Las noticias no disfrazan la realidad, como gustan de pensar los paranoicos, sino que la colman de chatarra y casquería.

*

Leo que, para los eremitas de antaño, el único premio en la tierra era no verse importunados cuando los ejércitos enemigos avanzaban camino de la capital del reino. Eran, por así decir, insaqueables, y les dejaban en paz. ¡Ilustrativa anécdota de una pretensión ascética que sólo esconde cobardía!

*

Los puntos de vista son las diversas maneras que tenemos para violar la realidad. Los libros, el atestado de un crimen.

*

Creo vivir bajo el yugo de los problemas, cuando en realidad vivo a merced de sus soluciones.

*

El fragmento brilla, desde Heráclito, como esquirlas de plata en el fondo de un río.

*

La contradicción sólo es entendida por los que la padecen, es decir, por los enfermos, mientras que la coherencia es la salud impostada de los respetables.

*

Que me postule a bufón del reino, no significa que no crea en el reino. Es sólo que deseo ocupar una posición particular en el mismo.

*

Debería ser suficiente con anotar breves oraciones que, aparentando aforismos, no fueran sino apuntes en su sentido literal, es decir, que apuntaran a algo, pero sin completarlo. Anotaciones como «deseo de ser inútil», «la libertad de la nada» o «la maravilla de despertarnos por la mañana», compondrían un libro de pequeños cortes de belleza que, en una amalgama de santa molicie y bendito fulgor, resumieran una vida espiritual.

*

A veces sueño con dar el salto a la novela. Por suerte, como en un torneo, mi escepticismo declara nulas todas mis tentativas.

*

¿La razón de mi pereza? El pasmoso espectáculo de la actividad.

*

Es propio de los monoteísmos cantar sin descanso al poder, cantarlo por ligazón y ortodoxia. Por eso, cualquier disonancia es tomada, y con razón, por ultraje.

*

Ignorante por desconfiado, procuro mantener al conocimiento a varios metros de mí, no vaya a ser que me posea y me tomen por eso tan repugnante que llaman «un entendido».

*

Callarse. Tener al silencio como única sabiduría. Los que algo supieron nos son desconocidos. No hay constancia de su sabiduría. A lo sumo, nos ha llegado un manojo de leyendas y filosofemas: hogueras lejanas, en medio de la tempestad.

*

El heroísmo, para serlo de verdad, merece castigo, es decir, la muerte; por eso, el héroe que sale vivo es de rango inferior a aquel que perece.

*

Tiendo al conservatismo, no por amor de lo viejo, sino por pereza de lo nuevo; por la indolencia que produce la vista de tanta novedad sistemática.

*

Alejado cada vez más de los polos del sí y el no, me interno en el continente árido y desconocido de la suspensión del juicio. La casilla del «no sabe / no contesta» como opción vital.

*

En el ejercicio de mi ciudadanía, son dos las opciones que se me presentan: contribuyente o mendigo; bestia de carga o bestia salvaje.

*

En las conversaciones, la gente saca sus convicciones como cuchillos. O mejor: como tijeras. Recortan así la realidad y se colocan el cartelito de «inocente».

*

Sólo creeré en la civilización cuando se hayan agotado las reservas con las que alimenta su faena. Cuando, en la escasez, sigamos guardando nuestro turno o cediendo el sitio en el autobús.

*

El algún lugar, Baroja dice que «El pensador» de Rodin es una escultura sobrevalorada, porque, más que de un hombre pensando, se trata de un hombre al que le cuesta pensar. Yo me inclino más por un hombre que intenta pensar. Esa es su grandeza, y su ruina.

*

Los fragmentos no precisan justificación, pues no participan de ciencia alguna. Son como páginas desprendidas al albur de los vientos y que jamás serán colocadas en ningún puzzle que complete un saber. Ahora bien, son paños que, pasados sobre un cristal borroso, permiten vislumbrar, por un momento, lo que acontece al otro lado.

*

Es durante el pasar de la gente que uno atisba toda la retahíla de magazines y revistas leídas por la multitud de los que van y vienen: el recurso identitario, de vida o muerte, de ser o no ser, a la publicidad.

*

Quizá ya sólo quede, como en las comunidades pretéritas, la confianza en los ancianos; y no por la autoridad de sus afirmaciones, sino por el envoltorio irrevocable desde el que son enunciadas: la carne cuarteada y cansada, y que ya no espera obtener rédito de mentiras antaño útiles.

*

Cada vez que escucho a alguien aludir, apelar, ¡reclamar! los «valores», tengo la impresión de hallarme ante un bufón deshonesto que pasa de una mano a otra, como un malabarista, las bolas ingrávidas de mágicas esencias.

*

El filósofo de la inacción se abstiene de explicar su sabiduría.

*

De entre los atributos que podría imputar al Tiempo, es más que probable que nos corresponda, a los últimos hombres de un tiempo amortizado, las cualidades vivificantes de los abonos.

*

A mi inconstancia debo el no sucumbir en mis obsesiones. Sin ella, perecería ahogado en la monomanía.

*

Cuantas menos figuras retóricas identifico en los discursos políticos, mayor es mi confianza... ¡Cuídate de quienes quieren gobernar con poesía!

*

El utópico confunde realidad con deseo; el conservador, realidad con pérdida.

*

El liberal cree poder vivir más y mejor desactivando los conflictos. Confiar en que los demás harán lo mismo es su sentencia de muerte.

*

Hablar, afirmar, escribir, debería ser tan peligroso como caminar sobre el hielo: un avance, una pisada, una palabra en falso, para acabar hundiéndonos en el gélido punto final.

*

El capitalismo es la dictadura alegre y despreocupada del hombre de negocios, único espécimen al que es capaz de encumbrar.

*

Cada partido es un proyecto totalitario: no pretenden sino acabar con la política, mediante la victoria de sus postulados. Llevan dentro, solo que torcidas, deformadas y vulgarizadas, las pretensiones de toda dictadura.

*

Lo que la izquierda llama ahora vida digna no es sino vida burguesa.

*

El desorden es el enfrentamiento perenne de las facciones. Por eso es necesario el basamento fuerte de las instituciones en el que esas facciones puedan desafiarse sin despedazarse. Esto, que es una verdad evidente, nuestra época lo considera opresión.

*

Del sufragio universal se ha inferido que toda opinión es importante.

*

El liberal que detesta a la masa es como el educador que da a los niños herramientas de construcción y protesta después porque acaban destrozando la casa.

*

El capitalismo sólo se ocupa del cuerpo, y convierte al alma —con sus coachings, emprendimientos y talleres motivacionales— en el barato aderezo con el que aliñar las ambiciones del organismo.

*

Las masas van a orar a los museos; y se alegran de los días soleados, porque así pueden sacar las gafas de sol.

*

Como si de una cartilla de racionamiento se tratara, el fulgor resultante de toda vida espiritual ha sido reducido a la ración de luz —eléctrica y bajo pago— que el ocio provee.

*

Mientras que de la Tradición se ha dicho que es la ilusión de lo permanente, de la Novedad puede decirse que no es sino la permanencia de una ilusión.

*

La vejez comienza cuando los alimentos de la juventud han caducado.

*

Contra la insurrección, el latigazo certero es mil veces más efectivo que el bombardeo grosero.

*

La Cultura es como el oro: un tesoro cuando pertenece a pocos, mera quincalla en manos de muchos.

*

Cuando la tradición se convierte en ismo, entra a formar parte de la lista de la compra.

*

El criticismo es la obsesión de la imperfección, el afán del niño consentido que, ante los regalos de la vida, se empeña en descartarlos uno tras otro porque no alcanzan la altura del capricho que toma por perfección.

*

La ausencia de autoridad necesita de una autoridad que la proclame; y lo habitual es que quien lo declare se erija ella misma en autoridad.

*

El progreso quiere desactivar el mundo. Para ello, mete su mano en los resortes que lo mueven —Dios, naturaleza, historia—, para desentrañarlo hasta dejarlo inservible.

*

El realismo consiste en la posibilidad de imaginar la desgracia. Los idealistas, en cambio, creen que, al imaginarla, se la está convocando. Aquellos acusan a estos de pueriles, y estos a aquellos de aguafiestas.

*

No es que la literatura con buenos sentimientos sea imposible; es que los buenos sentimientos libran de la literatura.

*

Estas notas son nubecillas —deshilachadas e inconexas— en el cielo azul del silencio.

*

La gran pregunta de la conciencia: ¿con quién diablos estoy hablando?

*

Hay ya tantos hombres anegados de tedio, que los originales se creen aristocracia.

*

Para alcanzar una renuncia digna de tal nombre, debería desistir de mis tentaciones, pero no sólo de aquellas que me inclinan al mal, sino también, y con mayor fuerza de voluntad aun, de aquellas que me impelen a ejercer el bien.

*

Frente a las acusaciones de impotencia, pereza o falta de voluntad proferidas por los activos y emprendedores, ¿cómo explicarles que me es imposible no abdicar, si hasta los continentes van a la deriva?

*

Las arrugas de la vejez son un buen remedio contra las acciones febriles a las que las proclamas de cambiar el mundo me arrastran. Son, en efecto, señales de que todo cambia, sin necesidad de nuevas acciones.

*

La blasfemia exige la eufemia, y en virtud de la prolifera-
ción de eufemismos a la que asisto, puede decirse que no
hay época que se tenga por más sagrada que la nuestra.

*

Voces a favor o en contra del amor, la democracia, la paz o
la guerra; pero, cuando, después de las vociferaciones y las
pancartas, vuelvo en mí —al lunes, al martes, al miércoles,
etcétera—, me percato de que aquí sigo, en la terraza, en
el coche, en la avenida, con uñas, pies y cabellos, y sin ras-
tro del amor, la democracia, la paz o la justicia; tan solo el
instante inmarcesible...

*

Lo que veo demuestra lo que creo: busco las pruebas que
demuestren mis prejuicios. Si los erradico, toda realidad
desaparece, pues he de elegir entre la pureza de la mirada
que se autodestruye en la indistinción o la celda del pre-
juicio que aprisiona el fenómeno y me lo presenta aislado,
temible, pero útil para descifrar la realidad.

*

El tipo más peligroso es aquel que posee una visión con
la que persuadir a hacer, a emprender, a erigir, mediante
el sólo instrumento de su ilusión, al resto de los mortales.
Deberían ser declarados enfermos, y aislados, como re-

medio, en algún desierto, para que desistieran de molestar a los demás con el espejismo de su delirio. Disfrutaríamos así, sin molestia alguna, de la suave placidez de intentar nada.

*

Al pie del árbol Bodhi, el Buda alcanzó el nirvana. Se extinguió. Aun así, quiso compartir su descubrimiento con el resto de la humanidad. Es en este gesto contradictorio donde se esconde o bien su grandeza o bien su impostura.

*

Existe una tiranía soterrada que lleva al mundo a su final: la de la omnipresencia de los discursos de la ilusión que lo empujan al precipicio.

*

El optimista se basa en hechos concretos: el salto civilizatorio, por ejemplo, de la invención de la rueda. En su ceguera, sin embargo, jamás reconocerá que dicha invención se vio forzada por la necesidad de huir con rapidez del ataque de otras tribus.

*

Son peligrosos aquellos que, tratando de enderezar las cosas, aumentan el desconcierto del mundo. Por insuficiencia de egoísmo, buscan acabar con las enfermedades del afuera, en lugar de exterminarlas en su interior.

*

Multitudes en pos de revisarlo todo para alcanzarlo todo, empeñadas en crecer, en reparar, en mejorar, para al final no hacer sino sucumbir en todo…

*

Los medios y las redes muestran sus ristras de minorías, ateridas y golpeadas, como un sonajero que mostrar, solícitos, a la mirada solidaria de sus clientes.

*

La ideología llama religión a lo que se le opone.

*

Judíos, cristianos o musulmanes, los monoteístas no somos sino albaceas enemistados que no se ponen de acuerdo en las obras completas de su Autor.

*

Una civilización demuestra su agotamiento cuando la cantidad de autobiografías y auto-ficciones alcanza las cotas de una peste nauseabunda que ningún remedio aplaca. A falta de símbolos, creencias o profecías que materializar, se dedica al ejercicio publicitario, provisional y pasajero, de vidas comunes.

*

El autor acude al escritorio como acude al cuarto de baño: por descargarse. Y obtiene los mismos resultados: pura excrecencia.

*

Una de las sabidurías que con la edad creo ir adquiriendo es la resultante de una pasividad activa —o una actividad pasiva. Aunque contradictoria en apariencia, estas no consisten en actos de los que al mismo tiempo se reniega por nocivos, sino en actos que sé inútiles: nada obtengo de ellos y actuar es tan decisivo como no hacerlo.

*

Las llamadas noticias poco añaden a mi conocimiento del mundo: su cometido es tan solo alterar mi ánimo. Son saltos y rápidos de un río que sé incomunicable, pero que hacen de mi tránsito vital una navegación más entretenida. Espumas de sentido, los noticiarios son los detalles mínimos del cauce, que avivan el líquido transparente e inexplicable en el que me muevo.

*

El *fragmentista* es un escéptico de la explicación.

*

La moda: «pintoresquizarse» con ánimo de diferenciar-se, para no conseguir, al final, nada más que «gregari-zarse».

*

Semejante a la fiebre de un niño en mantillas, la vida es cálida y agradable por fuera, de piel suave y manos ardientes, pero por dentro tiene lugar la batalla en que se juega la supervivencia, el aciago duelo que acabará en muerte.

*

Unos segregan textos que son devorados por otros, que a su vez generan nuevos textos, como si de una droga invi-sible se tratara. Es la adicción, tan nociva, por los discur-sos, propagación cancerosa de palabras que incendian la realidad.

*

La animosidad contra el poder sólo puede llevarse a cabo constituyéndose uno mismo en poder. Es por ello que se deberá aceptar que algún otro, por motivos tan peregrinos como los que aquel enarboló contra un poder original, pueda pretenderse poder rebelándose contra él. La rebelión no contiene al poder, sino que lo exacerba.

*

Predilección por los autores que vierten sus malas babas sobre las páginas. ¿Seré por eso, yo también, un baboso de páginas?

*

El mundo moderno trata de endosar su barbarie al pasado, tildándolo de inaceptable retroceso.

*

La época adoctrina en el adoctrinamiento de no adoctrinar. He aquí la doctrina del tiempo.

*

La democracia directa, sin representantes ni intermediarios, es el castigo último de los pueblos. Día a día, año tras año, sometidos al insufrible vaivén de sus humores y caprichos.

*

Los poetas se aprovechan de nuestra tendencia a las preguntas, para proveernos de la ilusión de una respuesta lírica.

*

Los grandes sastres de mi alma me demuestran que estoy desnudo, pero me surten, a cambio, de las ropas de temporada que necesito para no morir de frío.

*

Dudo de quién es más iluso, si quien lee novelas o quien lee ensayos. ¿Leer ficción pretendiéndola verdad, o leer verdad sin creerla ficción?

*

«La superioridad es antidemocrática». He aquí la formulación de a qué está condenada nuestra época.

*

Conocí a un escritor que buscaba a Dios. Se embarcó en una existencia al límite que plasmó en sus novelas. En lugar de ángeles se encontró, al final del túnel, ¡con una nube de periodistas!

*

De pronto, todo se marchita alrededor de uno: visión última de la juventud, primera de la madurez.

*

Vida cultural: oportunismo cultural.

*

Una de las particularidades de nuestra época es que el suicida y el que decide vivir comparten un mismo sentimiento: la inutilidad de su vida.

*

A quien sólo a la juventud juega, la vejez le parece un infierno.

*

Mientras exista en mí todavía un motivo de pereza, el mundo no me habrá engullido del todo.

*

El hombre entregado al instante suicida su civilización.

*

En la era digital, toda tradición es arcaísmo.

*

Desconozco si lo que escribo es herida o cicatriz.

*

En el incendio general que me rodea, no puedo dejar de mirar al bombero como a un imbécil.

*

El artista comprometido y progresista encuentra en las desgracias un buen surtido de oportunidades. Teniendo por frívolo no atender a los acuciantes dolores de la sociedad, los selecciona por su valor en la subasta de la opinión pública y los transforma en la mercancía trivial que vender en los escaparates de la industria cultural.

*

Las academias son inseminadas de cuando en cuando por los espíritus anárquicos. El orden necesita a veces del desorden para limpiarse las manos y acometer nuevas tareas.

*

Nuestra época pretende abolir las diferencias para anular los conflictos, sin caer en la cuenta de que es esta abolición de toda diferencia la que traerá el conflicto definitivo.

*

Los musulmanes no se han percatado aún de la incongruencia entre monoteísmo y poligamia.

*

El elogio del caminar ignora dónde desembocan mis vagabundeos: la cabeza arrasada de ideas estériles.

*

Leo de la misma manera como escucho música: sin demasiadas nociones técnicas. Lo que escribo, por tanto, no puede ser sino meros tarareos de ideas más ordenadas.

*

Novelar: poblar de palabras la peregrina ideación de un argumento.

*

Parafraseando a los demonios: cuando escucho la palabra libertad, cambio de canal.

*

Es la salud la que emprende la enfermedad.

*

Drama del conservador: la *innovación* que calumnia ahora es la costumbre que defenderá mañana. Drama del progresista: la *innovación* que apoya ahora es la costumbre que denostará mañana.

*

Tedio posmoderno: ver pasar los días, como anuncios televisivos, esperando la película que nunca llega.

*

Una de las formas de la desesperación es la de quererse joven para siempre. Sin lograrlo, por supuesto. Se lo identifica por las ropas chillonas, los peinados imposibles y la constante ilusión.

*

Entre tanto original, cada vez se hace más difícil encontrar lo que antes era de uso común: los tipos normales.

*

Cuando el arte ya no importa, se multiplican los artistas. Así, cuando la religión declina, se desborda la espiritualidad.

*

Mensaje para utopistas: a menudo la virtud permanece virtud cuando no se ejerce.

*

Los inicios de una civilización deben su ímpetu a que atisba, aunque sea confusamente, su destino. La autoconciencia excesiva de un pueblo, el conocimiento de su pasado y su presente, implican, por las dudas que proveen estos respecto a su futuro, el inicio de su decadencia.

*

Superstición: creer que, mientras la palabra hablada es humo, la palabra escrita es posteridad.

*

La familia es una forma de ascesis en la que el yo se entrega en ofrenda.

*

El mundo ha dado, por fin, con su anestesia: el dinero; y su anestesista: los bancos centrales. Gracias a ellos, cualquier dolor es aplacado.

*

El final feliz es la versión vulgar del Paraíso. Por eso, los nihilistas, tan vulgares, lo odian.

*

La identidad (política, personal, histórica) es el escudo contra los devaneos de la volubilidad humana. Por eso, identidad es tradición.

*

La tentación del plagio se vence siendo fiel a la propia mediocridad.

*

Mi afición por la literatura nació cuando comencé a sospechar que me entendería mejor con los muertos que con los vivos.

*

El drama de nuestro tiempo tiene aire de folletín familiar: el de un joven que rechaza la herencia de sus mayores —legado de siglos— por no querer costear sus imposiciones y compromisos.

*

Dado que soy cada vez más pieza de un engranaje, mis delirios serán considerados en breve un accidente de trabajo.

*

Cuando, dentro de los límites de la propia piel, todo está permitido, la única transgresión posible es la que se interna sin permiso en la piel del otro.

*

La realización a la que invita la «autoayuda» es el señuelo que nos mantiene en nuestro egoísmo.

*

El hombre civilizado es un animal en cautividad; el hombre salvaje, un animal a la intemperie. Cuando los papeles son intercambiados, ambos sucumben.

*

¡Jóvenes! ¡Superada la edad de la rebeldía, toda filosofía es inútil!

*

La función de las pesadillas es la de ponerme en mi lugar: que afronte el día con ciertas reservas, sin entregarme frenéticamente al vicio de la felicidad.

*

El pensamiento me redime; así que busco a veces el que mejor concuerde con mi situación vital. No es explicación lo que anhelo, sino justificación.

*

Los jóvenes leen devotamente las obras fundamentales; y vuelven a ellas, ya adultos, a la manera del cliente engañado que clama por una compensación ante tanta estafa.

*

Leo, en un poeta de los llamados celebratorios, sus himnos a la raposa, la llanura, el viento, son cantos de alabanza a los seres por su mera cualidad de ser. Están bien logrados; pero me los creería más si de cuando en cuando cantara a una pústula, la guerra, la muerte de un hijo.

*

Me mira embobado cuando me oye defender «el amor, la familia, la fe religiosa, la moral, el heroísmo en la guerra como en la paz». Y cuando añado «todo eso que sostiene y ha sostenido a las civilizaciones», se levanta y se va.

*

Viajar, para asistir a las múltiples variantes del tedio de los hombres…

*

Magos de las palabras, los intelectuales embelesan a sus jaleadores con los conejos sacados de sus libros.

*

El capitalismo también tiene su ejército irregular, sus individuos partidarios de sí mismos y sus adánicos pensamientos. Se trata de una tropa especializada en la impostura, que se pasea por la faz del globo con el arma de su última moda, su uniforme à la page y la bomba atómica de la Libertad.

*

El activismo que emana de lo políticamente correcto es la nueva forma de hedonismo espiritual.

*

Los contestatarios salen en procesión cada cierto tiempo con las imágenes de sus santos y las oraciones de sus pancartas.

*

Lo contrario del reaccionario no es el progresista, sino el profanador.

*

El ciudadano súbdito de nada es esclavo de todo.

*

Sólo leyendo a los de ayer descubro las tonterías de los de hoy.

*

Los utópicos comparan toda situación con el paraíso y la encuentran, cómo no, censurable.

*

Sociedad enferma es aquella que ve terapia en la cultura.

*

Mandato moral: procurarse la paz del limpiador de letrinas, a quien nadie vendrá a quitarle el puesto.

*

Se piensa la ignorancia como un vasto desierto mental, cuando en realidad se trata de un enorme almacén atestado de cosas colocadas de cualquier manera, y que el ignorante atesora como una gran fortuna.

*

Nuestra época ha decidido no creer en nada, no vaya a ser que cualquier decantación la aniquile. Ahora bien, esa decisión es, precisamente, la que la aniquila.

*

Nuestro tiempo, tan ansioso de insurrección, es incapaz de ver lo que de rebelión tiene lo sagrado.

*

El termitero de las redes sociales orada, silenciosamente, el precario edificio de la hipocresía social.

*

La cháchara de los periódicos sólo podrá acallarla la sanción definitiva de ese Tormento, indudable y definitivo, que vendrá.

*

Mis obras completas se hallan dispersas, en fragmentos, a lo largo y ancho de la literatura universal. Bastaría con subrayar y transcribir los pasajes indicados, para componer mi volumen definitivo. Escribirlas es, sin embargo, menos arduo que buscarlas.

*

El heterodoxo es ese tarado que, tratando de buscarla por su cuenta, no anhela otra cosa que la ortodoxia. Apartándose de ella, cree caminar hacia la verdad; y cuando cree encontrarla, declara heterodoxos a los demás.

*

El minuto de silencio es la ausencia de oración provocada por la libertad de culto. Y sabido es que la libertad de culto borra el culto.

*

En la posmodernidad, la revolución ha devenido un pedir sin medida —con su retahíla de activismos, proclamas de derechos y manifestaciones— en lugar de en un coger sin

permiso, como antaño hacían los verdaderos revolucio-
narios.

*

Después de siglos de barbarie, sus beneficiarios se decla-
ran víctimas.

*

Sabed, anarquistas, que hasta el fuego tiene sus leyes.

*

Quién sabe qué Paleontología nos juzgará.

*

Nos adentramos en una época oscura que, por un exceso
de luz y ruido, requerirá de cada uno erigirse en monas-
terio.

*

La riqueza es más proclive que la pobreza a dejarnos en
ridículo.

*

Una idea basta, a lo sumo, para dos anotaciones. Algu-
nos, sin embargo, se empecinan en largas series de nove-
las —vehículos de esa ocurrencia primera—, en retahílas

de simple parloteo terrenal. Es la así llamada enfermedad del texto, que, pasando por salud literaria, no es sino mero cáncer cultural.

*

La dignidad es ese don que los laicos reparten, como un bautismo, a cada bebé que dejan nacer.

*

Se entiende el sexo sin amor; pero escandaliza el amor sin sexo.

*

La cultura es el «circem» de quien tiene el «panem» bien asegurado.

*

El vacío materialista es atemperado mediante técnicas orientalizantes tomadas de prestado. A cada ansiedad por la última moda o el último drama, le corresponde una precaria, por pasajera, asana.

*

Gracias a la famosa transvaloración de los valores, los partidarios del orden, la ortodoxia y las sagradas formas son ahora los subversivos.

*

Romper prejuicios es abrir mercados.

*

La confusión inherente a vivir tiene como resultado la perpetua insolubilidad de mi alma. Hasta el reposo final, permanece sometida a las intensidades de vientos incontrolables, cuyo origen desconozco, y de las que tan solo puedo afirmar, para sentirlas de algún modo embridadas y en dirección a alguna parte, que creo o no creo en ellas.

*

El «yo», siempre atareado en los vericuetos de su bobería, en vomitar luz sobre su propia oscuridad. Enciende un candil y cree haber dado con una certeza; palpa algún áspero objeto y dice hallarse, por fin, ante un irrefutable tesoro. De pronto, un soplo exterior lo apaga, la recompensa desaparece y vuelve a tantear las tinieblas, en pos de alguna otra ilusión.

*

Habiendo erradicado el hombre en su alma toda idea de perfección no puede fijarse sino en lo que tiene más a mano: la bestia.

*

Expío el vacío a través de la profusión de ofertas con las que trato de completarme. Se trata, sin embargo, de una plenitud caduca, pues no otro sino la caducidad es el destino de toda oferta de realizaciones que esta época líquida ofrece. Mi vacío es incapaz de discernir alguna verdad en ellas y opta por aquello que, provisionalmente, hasta la próxima oferta, le prometa paz, tranquilidad e incluso felicidad, a cambio de unos ejercicios arbitrarios y un ingreso bancario. Apenas le parece importar la diferencia entre la mentira —múltiple, pero sanadora— y la verdad —única, pero comprometedora—, pues lo que anhela es dar con la estrategia que evite el sufrimiento, a cambio de cualquier condena.

*

El aullador no necesita de nadie que atienda sus aullidos, sino de un cosmos en el que poder dispersarlos.

*

Piensan algunos que poseer a Dios es poseerse a sí mismos; y como tal cosa es imposible, colocan en la faz de

Dios sus propios rasgos y lo maquillan con sus eslóganes, proclamas y manifiestos. A continuación, salen de paseo y hacen pasar su verdad, para que nos convirtamos a ella, por la Verdad.

*

Entretenido en disfrutar, olvido a veces la cualidad estimulante del dolor. Un ayuno es infinitamente más tonificador que una vulgar comilona.

*

Así como el hombre primitivo fabricaba sus flechas de sílex a base certeros golpes, así trato yo de sopesar mis frases por el rigor de los chispazos.

*

Alegría superficial; angustia de fondo.

*

Mi boca es una llaga de la que mana, a borbotones, la sangre estéril de las palabras. Si dejara de ensuciar la realidad con su tacto infecto, renunciaría a desangrarme, por miedo a quedarme vacío.

*

El dolor es el látigo que emplea la naturaleza, para ponerme en circulación. El placer, en cambio, es la alfalfa que coloca en el pesebre de mi cuerpo.

*

Minuto a minuto soy varios hombres y bajo mi piel descansa la humanidad entera. Así, inexisto.

*

El líquido de las palabras se convierte en témpano nada más salir de mi boca, heladas por el frío de la vida.

*

La vejez debería ser la época de las renuncias: acostumbrándonos poco a poco a ellas, nos preparamos para la renuncia final.

*

Es la nostalgia del ser perfecto lo que mueve al ser espiritual de cada uno de nosotros. Y se trata sin duda de una nostalgia, porque tal ser quedó atrás.

*

La desconozco, pero se percibe, en el olor del tiempo, la marea negra de una peste invisible.

*

La indecisión intelectual, es decir, no saber a qué corriente adherirse, es una forma de escepticismo. Aboca a quien la padece a suspender el juicio por no saber a dónde dirigirlo.

*

Toda palabra pronunciada tiene la misma vigencia que una flor: la de su brote y su caída; después, cede a la angostura de su invierno, es decir, el silencio.

*

Lo peor de un dolor es que sea inútil, esto es, que no contribuya a nuestro esclarecimiento. Es en este punto donde se entiende el sentido de la penitencia…

*

En una sociedad sin sentido, los fundamentalistas son los médicos.

*

Se dispone de un amplio surtido de dioses para la viven-
cia, a la carta, de la espuma de nuestros días. Libertad,
igualdad, fraternidad, es el irreconciliable politeísmo de
siempre.

*

Podría decirse que la vejez nos pone en nuestro lugar. Y
no digamos ya la muerte: esta nos lo señala para toda la
eternidad.

*

La salud es cosa de enfermos. Véase Nietzsche.

*

La modernidad es el exilio que, pese a buscarlo, no en-
cuentra su reino. La posmodernidad, en cambio, es la re-
nuncia a su búsqueda y, por tanto, al reino.

*

Se ha hablado y hecho tanto, que sería beneficioso vivir en
silencio, sin radio, ordenadores ni televisiones, emplean-
do tan solo susurros funcionales; y permanecer postrados
cuando no hubiese nada que hacer, salvo lo necesario para
la supervivencia. Así, hasta la naturaleza prosperaría.

*

Satisfacción es unión, y el mundo satisface a ratos. Por eso, pertenezco a él solo a ratos.

*

Todo pensamiento es un magro tentempié en el campo de concentración de mi mente.

*

Tengo un libro de cabecera, para cada uno de mis humores: el *Eclesiastés*, el *Evangelio de San Juan* o el *Apocalipsis*.

*

La edad de oro del hombre es el silencio. Su primer balbuceo es la primera caída del linaje humano.

*

Si me curara, si en mi alma se posara algo así como el sosiego, o la armonía, o la dicha, dejaría de arañar estas páginas con un bolígrafo; pero mi condición es la del enfermo que prefiere los esputos a la curación; la del herido que, obviando al Buda, en lugar de arrancar la flecha, se regocija en la herida para poder anotarla.

*

No es que uno se pretenda independiente, es que no halla, en el horizonte del mundo, nada que anhele acatar. Anarquista por no hallar poder suficiente.

*

La inacción no proviene tanto de la incapacidad de emprender nada, como de la pretensión de querer emprenderlo todo, es decir, de una megalomanía paralizante.

*

Ni hacia el pesimismo, ni hacia el optimismo, sino en el centro de un vacío triste y sereno, o, también, de un vacío alegre e histérico.

*

Hay razones notables para una escritura en fragmentos. Para empezar, mi cabeza hecha añicos; y, para concluir, este corazón intermitente, al compás de los latidos y su silencio...

*

En su reclamo de muertes, a veces pareciera que Dios se alimenta de las almas que una vez abandonaron su seno para transitar la vida, y que regresan después a una eternidad debilitada por su ausencia, a fin de paliar la postración generada por una separación temporal.

*

La inutilidad de la palabra me postra en el yermo de un mundo sin sentido, a la búsqueda inmóvil de una Palabra que me mueva y, por ello, me salve de la postración.

*

De las tormentas de entusiasmo a las que somete la vida, el espíritu cansado, de tan curtido en ellas, sólo puede beber, una vez pasadas, de los charcos dejados en el camino. Son lo que queda a disposición del ánimo cuando tales ilusiones han decaído: el sostén de un cierto entretenimiento, a la espera de la muerte, mediante el sorbo fugitivo de antiguas pasiones.

*

Los fragmentos no son sino firmes y breves golpes de piolet, en el ascenso por la vertiente helada de alguna montaña remota.

*

Una de las cualidades benéficas de la muerte es la de rebajar mis pretensiones: la fiebre de cualquier ilusión es combatida por la fría mirada del abismo.

*

El tiempo es una mujer vestida que se desnuda a las puertas de la muerte.

*

Creo tener ideas, pero en realidad no tengo nada: mero humo del ímpetu por calcinarlo todo.

*

«Nuestros cálculos más erróneos son esos que llamamos ilusiones...» (Bernanos). Poco más puedo añadir.

*

Nada inmuniza tanto de tener sueños como el haberlos tenido.

*

La nuestra, civilización estéril, acaso engendre tan solo desesperaciones...

*

La simple posibilidad de anhelar lo que no es o lo que no puede ser de ninguna de las maneras demuestra que el hombre es una criatura programada para la infelicidad y la desesperación.

*

La «felicidad» es la forma inmanente de la Salvación; de tal modo que los placeres han sustituido a las obras y el aburrimiento ha sobrevenido en infierno.

*

Ante un río, dos son las cuestiones que me acucian: o la profundidad, o la fuerza de su corriente. Dos posturas paradigmáticas de enfrentarse a la vida.

*

La letra es la espuma que dejo, brazada a brazada, en pos de una tierra que me acoja.

*

El silencio es el abismo por el que se despeñan las opiniones.

*

El artista necesita creer en su posteridad como el soldado en ganar la guerra.

*

Incapaz de autoengaño y, por tanto, de ficción novelesca, mi entusiasmo sólo alcanza lo que dura un puñado frases.

*

Sólo la muerte es fiel a la vida.

*

Ante la perspectiva de la nada, los ateos hacen un mal en el que no creen, para alcanzar un bien del que lo ignoran todo.

*

La noche apaga, una a una, todas las velas.

*

No hay palabras inocentes: todas ellas sirven para violar la pureza de los niños.

*

Ser tan conservador, que casi preferir que nada hubiera comenzado nunca.

*

Las ideas son engranajes con los que se hace girar el intelecto, a fin de producir el sucedáneo que tomamos por realidad.

*

Nunca se repetirá lo suficiente: la muerte de Dios es la muerte del hombre. ¿A santo de qué, pues, tantas Declaraciones?

*

El mundo lo pagas con tu vida.

*

Desde siempre, se consideró que la vida para uno mismo era una vida equivocada; que en todo lugar y tiempo había que servir. Salvarse era escoger al amo correcto.

*

Vivimos por los libros y respiramos aire. Aire y palabras: nos sostenemos rozando la inexistencia.

*

Se necesitan hombres vaciados de sí, instalados en su oquedad, para venderles mejor lo que quieran ser, mediante la libre elección del tener.

*

La psicología es el tiro de gracia que se ha dado al alma.

*

¿Qué es un museo regional sino un panteón de las costumbres?

*

La originalidad elegida ha sustituido a la originalidad otorgada.

*

No hay mente libre, sino una insondable constelación de cadenas que giran en torno al deseo, es decir, la imperfección, es decir, la Caída.

*

El fragmento confía tanto en el silencio como en las palabras.

*

No encontrar la cima desde la que dar el salto, desde la que sumergirse en el azul del cielo… Y tener, así, que contentarse con recorrer las laderas del tiempo.

*

La guillotina cortó las alas del mundo.

*

Todo se resuelve en un festín: las paladas sobre el féretro anuncian que la cena está lista.

*

Hay dos vías para la contemplación: la inacción por el fulgor místico o la parálisis por la oscuridad indecible.

*

Conocida es la imagen del hombre como grieta de la realidad. Desconocido, sin embargo, el barro con que sellarla.

*

Epitafio de nuestro tiempo: no sabré, no sé, y nunca supe.

*

Cultura: garabatos sobre un océano.

*

Sin sus prejuicios, el destino de toda comunidad es ser engullida por ese maremágnum llamado «Humanidad».

*

Progreso es traición entre generaciones.

*

Desfigurarse el rostro, para dar la medida exacta de nuestra alma.

*

Santos, mártires y penitentes, enfermos cuya enfermedad guiaba verticalmente al mundo. Los sanos ecuánimes de ahora guían horizontalmente, para llevarnos al precipicio.

*

Con los años, mi andamiaje intelectual va perdiendo piezas, eslabones, puntales, vigas y columnas, sosteniéndose cada vez más sobre un equilibrio precario. Esto no se debe a que vayan mermándose mis facultades, sino a que el torrente de la vida va inexorablemente arrastrando mis ilusiones, sin más remedio que aprender a vivir a la intemperie.

*

Considerar inútil lo que se interpone entre yo y el Absoluto, he aquí la apoteosis del tedio.

*

Las filosofías como herramientas para ejercer el yo, argumentos para llenar las horas sobre el escenario.

*

El tedio no es, al contrario de lo que se piensa, una losa, sino un despojarse; y es esa liviandad, ese indefinido vagar de la mirada indiferente, lo que al final acaba oprimiendo.

*

Autoconciencia es separación del medio; de ahí que la muerte sea fusión.

*

El hombre sufre de mirada escindida: un ojo en el cuerpo y el otro en el alma.

*

Oraciones, inflamaciones.

*

Cuando se ha llegado al sinsentido, es inútil volver sobre nuestros pasos, para regresar al sentido. Hay que atravesar el absurdo para alcanzar el vacío, lugar donde pueda florecer la Voz.

*

Salto de un argumento a su contrario, como de piedra en piedra, para no sucumbir a la corriente que, bajo nuestros pies, todo lo arrastra.

*

Observo mi biblioteca, con sus volúmenes caóticamente dispuestos: tantos y tantos «casos» que tratan de resolver el escándalo de la vida. Buscan un leitmotiv, un diagnóstico, un responsable. Al final, como todos, se han de contentar con cerrar resignadamente sus páginas.

*

Los pueblos toman su medicación en forma de doctrinas, pero de ninguna obtienen la cura completa.

*

La Verdad, como al sol, no puede mirársela a la cara. Cualquier palabra dicha al respecto será producto de la ceguera provocada por su fulgor. Por ello, los así llamados libros místicos no pueden ser sino las obras de ciegos que algo han oído.

*

Silencioso en ocasiones, locuaz en otras, sólo puedo parir, intermitentes, los fragmentos de un aullido continuo.

*

Sólo la presencia del Demonio asegura que una religión no es únicamente consoladora.

*

Como nunca acaban de cumplirse, asesino las filosofías con el cuchillo de la decepción.

*

A falta de Belleza, poesía de las opiniones, rodeos en torno a una verdad ausente.

*

Nuestro tiempo está atrapado porque no sabe a dónde ir.

*

Cuando logre que las ideas que me aprisionan muden de celda penitenciaria a celda monacal, caeré en la cuenta de que esas serán las ideas para las cuales, sin haberlo previsto, podré de vivir.

*

A cada instante, lo pensado se pierde como si nunca hubiera sucedido, y aún así nos decimos fieles a nuestro pensamiento.

*

La desesperación tiene su imagen real en las arenas movedizas: hundirse con lentitud, sin remedio, pese a toda protesta, por efecto de los propios e ineficaces esfuerzos.

*

Se cree que, dinamitando las costumbres, se contribuye al cumplimiento del espíritu, pero lo que se hace es abocarlo a su disolución.

*

De los métodos que empleamos para conocer al otro, uno de ellos es sondear sus gustos, sus aficiones, sus pasiones.

Antes, yo lo preguntaba así: «¿Dónde te refugias?»; pero desde hace ya un tiempo, simplemente, pregunto: «¿Con qué te engañas?».

*

Hay drogas de las que desconozco su necesidad, pero de las que soy adicto. Sin ellas, sucumbiría. La mayor de todas ellas es, sin duda, el sufrimiento. Sin su amenaza, detendría mis pasos y me diluiría en la sonrisa adánica del instante. Es gracias a él que mis pasos se avivan y se encaminan siempre hacia lo siguiente, hacia el avance, haciendo el camino.

*

Todo es, en su fondo, tan lejano e ignoto como las estrellas del firmamento.

*

Envejecer es ir quitando palabras de nuestro vocabulario.

*

Sin la trascendencia, el pensamiento se convierte en un juego bello y fútil que embelesa durante un tiempo, pero que al final aburre.

*

El orden es la terapia que necesita el mundo. Sin embargo, desconocemos quiénes podrían ser los terapeutas: los antiguos se retiran, y los nuevos aún no han aparecido.

*

En cada hombre hay un pensador que se cree independiente por obra y gracia de su especulación.

*

¡Ah, humanidad! ¡Todos hermanos, pero sin padre!

*

Tras caminar, transitando sus derrotas, por muchos campos de batalla, ya sólo busco un poder al que rendirme.

*

Un templo sin dioses no es un templo, sino esqueleto de religión.

*

Filosofía: aullido articulado.

*

En sus inicios, las religiones nacen con vocación de misticismo comunitario. En su final, quedan reducidas tercas resistencias individuales.

*

«En sus últimos años, abrazó el budismo», leo, y es aquí cuando me percato de que no pudo soportar el dolor.

*

Tengo complejo de aguafiestas: no puedo evitar introducir, en los alegres ríos de vino de las celebraciones, la hiel insípida de un agua incolora con la que apagar las efusiones de cualquier ilusión inútil.

*

Un escritor en ciernes declara en una entrevista: «La esperanza es reaccionaria». No se me ocurre mejor halago.

*

Las afirmaciones más efusivas de los hombres recuerdan a los fuegos artificiales: una detonación, seguida de una llamarada embelesadora que se disipa poco a poco, bajo la noche estrellada.

*

Reconocerse alma es ya exilio interior.

*

Aquejado de un repudio de la letra que proviene de su inutilidad, caigo en la cuenta de que es en la necesidad de recodármelo donde encuentro el acicate para recurrir a ella.

*

La excitación de la originalidad es la gran epidemia de nuestro tiempo y ha dado como resultado su contrario: el enjambre.

*

Pascaliana: toda la ciencia y toda la prosperidad nada pueden con la angustia de un hombre sentado a solas en su salón, a oscuras, enfrentado a su propia finitud.

*

Del suicidio de las almas han surgido los fantasmas que recorren los pasillos oscuros del tiempo.

*

El regreso al animal —con sus tendencias al sexo, la embriaguez y la glotonería— es la vía desesperada que nos hemos dado, para encontrar algún dios a ras de suelo, ahora que por arriba parece haberse retirado.

*

El tiempo no es sino el abismo que se abre ante nosotros cuando comprendemos la inutilidad del futuro.

*

Anulada la visión del Absoluto, al hombre le vuelve una y otra vez la imagen abismal del tapón negro y oscuro que ha cegado su ojo.

*

Envejecer no es sino el lento florecer del cadáver que seremos.

*

Se busca al médico entre atletas, cuando debería buscarse entre sacerdotes.

*

La modernidad rompe su látigo contra mi espalda, una y mil veces, para tratar de robarme la fe y la esperanza; a cambio, tan solo me ofrece el sabor *real* de mi sangre.

*

Olvidada, perdura en nuestro pecho un hambre sagrada para la que no encontramos ya alimentos.

*

No hay seno más cálido y acogedor que el olvido.

*

En efecto: nada traemos al nacer, nada llevamos al morir. Desnudos, solo tenemos tiempo.

*

Las tormentas de la experiencia desmantelan la morada provisional de nuestra infantil inocencia.

*

No te afanes en la búsqueda de un arte de vivir; lo que dura un pestañeo no necesita de ningún arte.

*

Los sabios son luciérnagas que cualquier breve tormenta se encarga de apagar.

*

Más que por sus convicciones, un hombre se define por las quimeras en las que ha creído y que ha dejado atrás.

*

Ante el relámpago del mundo, sollozos intelectuales por doquier.

*

El dolor es la caridad que la vida nos concede, para sentirnos vivos.

*

Es de la evidencia de un dolor existencial primigenio e inerradicable de donde proviene la intuición de un pecado original.

*

La civilización se afana en los retoños de verdad que la maquinaria de sus rotativas hace brotar, con la esperanza de que fructifiquen en el paisaje atestado de las metró-polis. Escuchadme: la Verdad, como siempre, volverá a brotar en el desierto.

*

Al cuerpo hay que martirizarlo, para que entienda que no importa.

*

Para percatarse de lo esencial, antes hay que haber atra-vesado vastos países de placer y sufrimiento: algunos se quedan en ellos; otros deciden, una y otra vez, hacerse a la mar.

*

Me bastaría con que estas notas fueran a la literatura —para alguien, en algún lugar— lo que el canto es a la música: el sonido añejo y desnudo de una voz.

*

A qué engañarse: la vida es un camino en el desierto, con ocasionales vasos de agua y bocados de arena. Todo depende de si con el agua tragamos la arena, hasta morir, o si nos enjuagamos para expulsar la arena y seguir adelante.

*

La verdadera exposición no reside en la escritura, sino que se halla en rascar una y otra vez la costra de la herida, hasta hacerla resplandecer; renunciar a gasas y ungüentos, para que los tejidos vivos brillen a la luz de un sol lacerante.

*

Sólo concibo dos formas de ascetismo: el rechazo doliente de todo y la aceptación alegre de todo. Ambas caminan desnudas.

*

Intentando ser tantos, durante tantos días, para al final no conseguir más que la soledad.

*

Las dudas existenciales han sido resueltas por las ofertas existenciales.

*

La nostalgia de lo trascendente es la forma que la trascendencia adopta en nuestra época.

*

El mundo entero es ya tierra de nadie.

*

Cuando la senectud me alcance, tendré suficiente con alimentar, en la plaza de mi desmemoria, a las palomas de mis recuerdos, para que no se dispersen.

*

El espíritu llora bajo el ábside quebrado de una iglesia en ruinas.

*

La increencia es más propia de la impotencia que de la soberbia.

*

Renegar del pensamiento conduce a la derogación de sus embrujos. Es similar a lo que sucede con aquellos que, incrédulos ante la brujería, anulan sus efectos por obra y gracia su escepticismo.

*

Para sobrevivir, es necesario que evite tanto las sequeda-
des como el encharcamiento de mis pulmones: caminar
siempre con un pie en el desierto y el otro en la vegeta-
ción; jamás, sin embargo, con ambos a la vez en cualquiera
de los dos…

*

La música —más que la palabra— debería ser considera-
da una herramienta de primer orden para la conversión.
Gastados los vocablos, sólo lo inexpresable puede apuntar,
con ciertas garantías, a lo Inconcebible.

*

El descreimiento absoluto no es signo de lucidez. En una
habitación a oscuras, se precisa de un mínimo de luz para
atisbar los contornos; así, la lucidez necesita de una espe-
ranza, un sueño, un resplandor, que actúe de contrapunto
al socavamiento de la incredulidad.

*

Sabiduría, conocimiento y saberes, son los escasos despo-
jos y virutas que las uñas del intelecto obtienen al rasgar la
superficie áspera e impenetrable de la realidad.

*

Para las aspiraciones verticales, las verdades horizontales son como el hilo musical del tiempo: algo que, mientras se asciende, suena, pero a lo que apenas se presta interés.

*

Pese a todo, no hay ineptitud en el desequilibrio vital que pueda sufrir, pues toda la negatividad que atesore será la espada que pueda cortar la complacencia en que acaso incurra. Necesito, en efecto, de la experiencia de la mutabilidad y la variación, para establecer un juicio sobre mí mismo. Bien y mal son formas de conocerse.

*

En el cielo del pensamiento, moraliza el zen, hay que dejar pasar las nubes, pues, cuando se acumulan, producen tempestades. Mi alternativa es, sin embargo, aceptar la lluvia. Que mis ropas se empapen para degustar la tormenta, y poder así secarme —y abrasarme— a la luz de Dios.

*

Cuando se desfondan las fachadas orgullosas de la juventud, comienzan a aflorar las paredes añejas, firmes y seguras de la vejez: muerte, enfermedad, fe.

*

Apenas sirven las palabras: caen como nieve sobre cosas y almas, y las hacen brillar, por un instante, mientras se derriten bajo este sol implacable.

*

Tienen razón quienes afirman que el desinterés por la vida muda en interés por la religión. Ahora bien, es ese interés el que devuelve a la vida.

*

Así como no podría avanzar si, en pleno desierto, mis pies estuviesen hechos de arena, así no podría actuar sobre el mundo, si mi presencia fuese sólo mundo.

*

A los que me ven titubear por declararme o no creyente, y preguntan por mis dudas de fe, respondo: «¿Dudas de fe? Peor, ¡dudas de escepticismo!»

*

Todo este mundo que se muestra sin ofrecer su secreto, cuantificable, sin cualidades, sin aristas ni quiebros, mera acumulación de datos todos iguales los unos a los otros. Pura anomía. Pura nada. Y, sin embargo, es esa nada el nuevo velo de Isis. Y es preciso romperlo, para poder ver.

*

Apenas logro entender a aquellos estetas, poetas y literatos, que ensalzan la Belleza como el orden supremo que se ha de atender, para luego declararse ateos o agnósticos. ¿Cómo no se percatan de que la fiesta esa de la Belleza, a la que tanto se entregan, queda en pantomima, en broma pesada, sin un Dios que la costee?

*

Ya sólo me interesan los santos y los pecadores. Los demás no somos sino simples figurantes que aparecen, sucumben y salen, durante el incierto desarrollo de este drama universal.

*

Sin la jerarquía que proveen las revelaciones divinas no es posible establecer criterios comunes. El avance de los ejércitos se asemeja entonces al fluir de las dunas en el desierto.

*

La criba que el sufrimiento lleva a cabo en mi corazón es como el rastrillo que, a su paso por un jardín sin cuidar, arrastra ramas, escoria y hojas secas, dejándolo limpio y resplandeciente, presto para la vida.

*

Soy el civilizado que, adentrándose en la selva, se deja embelesar, en medio de la tupida vegetación, por el tam-tam teocrático de los salvajes.

*

La verdad nos hará libres, en efecto; pero no dos, o veinte, o cien, o la que se nos pueda ocurrir; sino la Verdad, ni más ni menos.

*

Y al final de la incapacidad, de la frustración, con manos y piernas cercenadas, en una esquina, postrado, mudo, sordo, ciego, por fin, digo, al final, el aullido de Dios.

*

Frente al devenir —mera palabra—, opongo estos aullidos. Y así, de aullido en aullido, entre tentativas y nostalgias, agoto los días, camino del infinito.

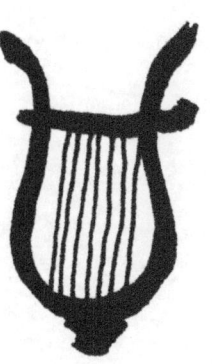

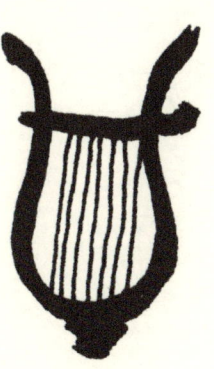